JN440197

한국대표서정시선 10 2020

한국대표서정시선10 2020

초판 1쇄 인쇄일 | 2019년 12월 24일
초판 1쇄 발행일 | 2019년 12월 31일

저　　자 | 문효치 외 35인 공저
펴 낸 이 | 차영미

편　　집 | 디자인그룹 여우비
펴 낸 곳 | 도서출판 서정문학

주　　소 | 서울시 성안로31다길 8, 101호
전　　화 | 02-720-3266　FAX | 02-6442-7202
홈페이지 | http://cafe.daum.net/seojungmunhak.com
이 메 일 | sjmh11@hanmail.net
등　　록 | 2008. 3. 10 제324-2014-000060호

ISBN 978-89-94807-84-3 04810
ISBN 978-89-94807-06-5(세트)
정가 10,000원

이 도서의 국립중앙도서관 출판예정도서목록(CIP)은 서지정보유통지원시스템 홈페이지(http://seoji.nl.go.kr)와 국가자료종합목록 구축시스템(http://kolis-net.nl.go.kr)에서 이용하실 수 있습니다. (CIP제어번호 : CIP2019053325)

한국대표서정시선10

2020

문효치 외 35인 공저

문정희 | 문효치 | 이훈식
김경희 | 김관식 | 김동석
김석련 | 김현희 | 김호천
남성대 | 박상배 | 박성순
박채선 | 배동칠 | 서귀례
선우현 | 송미량 | 신홍승
안영호 | 양향숙 | 오정임
옥혜민 | 이영권 | 이의수
이지운 | 이창원 | 이향숙
임애경 | 전기웅 | 제성행
차영미 | 최규리 | 최주식
최홍연 | 한희정 | 노상범

서정문학

CONTENTS

한국대표초대시선(가나다순)

한국대표서정시선(가나다순)

한국대표서정동시선

한국대표초대시선

문정희

문효치

이훈식

1. 투포환 선수

2. 아도니스

3. 해골 노래

문 정 희

· 전남 보성 출생, 서울에서 성장, 1969년 등단

· 저서: 『나는 문이다』 『카르마의 바다』 『응』 『작가의사랑』 외

시선집 『지금 장미를 따라』 외 에세이집 등 다수.

· 미국 뉴욕에서 출판된 영역시집을 비롯 9개국 언어로 번역된 번역시집 13권.

· 현대문학상, 소월시문학상, 정지용문학상, 육사시문학상. 목월문 학상,

청마시문학상, 스웨덴 〈시카다상((cikada Literary Prize of Sweden)〉(2010) 등 수상.

· 고려대 교수, 한국 시인협회 회장 역임

· 현재 동국대 석좌교수로 재직

투포환 선수

야생적인 몸무게 때문이었을까
시골에서 전학 온 나에게
하얀 서울 선생님은
너는 시를 쓰는 것보다
투포환 선수가 돼 보라고 했다

멀리 던져도 튀어 오르지 않는
쇠로 만든 공! 번번이 눈앞에서 고꾸라지는
참을 수 없는 존재의 무거움!
어서 지축을 울리는 리듬을 만들어
땅 속의 봄을 깨우고 싶은 나는
자칫하면 욕망의 무게가 발등을 찍어
발자국 마다 흐르는 피가
천 갈래 뿌리에 스밀 지도 모르는
투포환 선수를 꿈꾸는 것이 두렵기만 했다

바람 한 점 숨결 하나 불어 넣지 않고
뜨거운 쇳덩이로 칼이 아니라
공을 만든 이는 누구일까
어떤 이상한 시인일까
희망은 날개를 달고 있다는데

깃털 하나 없는 쇳덩이를
밤낮없이 나는 멀리 멀리 던졌다

나는 지금 몇 살인가, 길은 막다른 벼랑
어떤 언어가 쿵쿵 땅을 울렸는가
뼈에서 솟은 눈물방울을
아이구 세상에나!
나는 지금도 던지고 던지고 있다

아도니스

겨울 강에서 별 하나가 걸어 나와
내 앞에 있었어, 아도니스*
시리아, 레바논, 프랑스 여권을 든 그와
사우스 코리아의 여권을 든 나는
이미 그리운 시의 혈족
바람속의 잎새들**이 되어 난징에 닿았지
연꽃처럼 깊고 향기로운 고도古都는
벌거숭이 이국 시인들을 환호로 맞았지
아방가르트 선봉先鋒서점은
아랍권 최고의 거장이
작고 겸허하게 시를 낭송할 때
국적도 언어도 다 녹아 푸른 파도
보석 같은 고대 문명을 모욕하는 정치와
험난한 폭력으로 전쟁터가 된 고국을
굳이 들추지 않았지만
절벽에 매달린 동종처럼 함께 울먹였어
종교적 광신주의가 한 세계의 심장을
무참하게 파괴하고 있다는 시를 읊을 때
천진한 87세의 신발이 떨리는 것을 보았지

---

* * Adonis (1930~):현대 아랍권 최고의 시인. 시집 『바람속의 잎새』 등 다수. 시리아 출생으로 레바논에 망명. 현재 파리 거주
** 그리스 신화 속의 미남

시인이 서 있는 곳은 어디든 망명지
뼈 시리고 추운 땅은 왜 이리 많은지
겨울 강가에서 만난 백발의 떠돌이 시인
눈부신 설산처럼 내 앞에 있었어

해골 노래

3살 때 만난 폭음과 불꽃놀이가
전쟁이라 했다
그리고 휴전이라는 이름과 함께
어린 목에 걸린 지뢰 철조망
늘 펄럭이는 해골 표지의 이데올로기
그리고 지금까지 DMZ라는 잉글리시를 익히며
젊은 나의 남자들은 고통을 던졌고
단 한번 뿐인 내 청춘은 흔들렸다

그런데 오늘 아침
초등학생 같은 언어를 쓰는 사내들이
DMZ, 그 선을 넘으며
웃으며 몇 발자국을 오고가며
내 생명의 지뢰 철조망을
60 몇 년 만에, 아니 순간에
간단한 이벤트로 만드는 것을 본다

시 쓰던 손 그만 잘라버릴까
감자나 먹다 죽을까
그 이상의 형이상학은 없어*

---

* 페르난두 페소아

텅 빈 해골
어디에 대고 무엇을 울어야 할까

2019년, 여기 사우스 코리아에서
시를 쓴다는 것!
이게 모두 뭐지?

1. 골다공증

2. 광대

3. 전각篆刻

문효치

· 1966년 서울신문 및 한국일보 신춘문예 당선
· 시집: 『무령왕의 나무새』 『왕인의 수염』 『별박이자나방』 『모데미풀』 『나도바람꽃』 『어이할까』 등 14권
· 동국문학상, PEN문학상, 김삿갓문학상, 정지용문학상, 한국시협상 등 수상, 옥관문화훈장 수훈
· 한국문인협회 이사장, 국제펜클럽한국본부 이사장, 주성대 겸임교수 역임
· 현재 한국문인협회 명예회장, 계간 『미네르바』 대표

골다공증

공허도 쌓이면 무겁다
어느 날 뼛속으로 날아든
저 하늘가의 공허가
내 몸을 무겁게 한다

뼈의 문이 열리고
그늘진 공허로 채워질 때
나는 통증으로 몸부림친다

공허는 텅 비어 있음이 아니요
또 하나의 조밀한 아픔

무엇으로도
존재한다 함은
그 나름의 이름이 붙는 것

텅 빈 뼛속에
새로운 이름
'아픔' 이 채워지고 있다

광대

달빛 중에서도
산이나 들에 내리지 않고
빨랫줄에 내린 것은 광대다

줄이 능청거릴 때마다 몸을 휘청거리며
달에서 가지고 온 미친 기운으로 번쩍이며
보는 이의 가슴을 졸이게 한다

달빛이라도
어떤 것은 오동잎에 내려 멋을 부리고
어떤 것은 기와지붕에 내려 편안하다
또 어떤 것은 바다에 내려 이내 부서져버리기도 한다

내가 달빛이라면
나는 어디에 내려 무엇을 하는 것일까
지금까지 사는 일에 아슬아슬한 대목이 많았고
식구들을 가슴 졸이게 한 걸로 보면
나는 줄을 타는 광대임에 틀림없다

전각篆刻

작은 돌에 새기다가
그만 내 가슴을 쪼았다
짙게 음각된 이름

향기로운 계절과
우수의 한때

세월이
눈처럼 쌓이고

이름 위에 이제는
숨결이 살아

붉은 새살로
돋아 올랐다

이 훈 식

· 계간 창조문학 등단(1994년)
· 서정문학 발행인
· 강남문학상, 창조문학대상
· 자연과 꿈상
· 시집 : 『등불 하나 가슴에 달고』 『은밀한 속삭임』
『그리움의 심지』 『눈금없는 잣대』
『햇살 등 뒤로 숨은 웃음』

눈 내리던 날

당신이 펼쳐 보이는 세상이
너무 넓어 여린 가슴에 다 담을 수 없습니다.
권태로 오염된 일상들을
제 허물인양 싸매주듯
한사코 하얗게 덮어버리는 시간
사랑하지 않고는 미칠 것 같은
뿌리를 알 수 없는 슬픔이
지상과 천상의 경계를 허물고 있습니다.
허리 꺾인 시어를 가지고는
남은 생애를 버티어 낼 자신은 없지만
나를 다 주고도 모자랄 것 같은 당신이
꿈속에서 또 꿈을 꾸듯
부서져 내리는 달빛을 타고
이렇게 내게로 내려올 때면
당신은 이 세상에서 제일 예쁜 사람입니다
간지러운 곡선의 춤사위로
저만치 달려가다가
내 안으로 한없이 쓰려져 쌓이는
그리움 영혼의 갈피마다
하얀 웃음꽃으로 핍니다.

정전

캄캄 절벽이다
어둠에 익숙하기까지
눈을 감았다 떴다.
오랏줄에 꽁꽁 묶인 시간
벽시계 소리마저 더듬댄다.
아직 퇴화되지 않은
후각. 촉각. 청각이 첨병으로 나선다.
희한하다
보이지 않는 만큼 귀가 열리고.
세상 욕망과는 전혀 무관한
등 구부린 사유만이 혼자
자맥질을 한다.
이 절망에서의 탈출은
네가 와야 세상이 훤해지고
내가 산다.

그림자 14

숨이 막혀 질식할 것 같아도
너는 언제나
무표정의 대명사였지

썩은 동아줄이라도 잡고 싶은 마음으로
너에게 매달려도
언제나 싸늘하게 식은
침묵의 화신

더는 도려낼 가슴이 없어
주저앉고 싶었을 때
절뚝대는 보폭을 맞추며 따라오던
너

애증을 홀로 삼키며
어쩌면 나보다 더 아팠을 모습 앞에
난 그만
어눌한 세월 앞에 무릎을 꿇었지

살아도 같이 살고
죽어도 같이 죽어야 할

둘이면서도
1인칭 주어가 되어야 할
너와 나

한국대표서정시선

김경희 김관식
김동석 김석련
김현희 김호천
남성대 박상배
박성순 박채선
배동칠 서귀례
선우현 송미량
신홍승 안영호
양향숙 오정임
옥혜민 이영권
이의수 이지운
이창원 이향숙
임애경 전기웅
제성행 차영미
최규리 최주식
최홍연 한희정

1. 우물은 그대로일까

2. 이천터미널에서

3. 영보사 그 자리 2

김 경 희

· 경기 이천 출생 · 국어국문학 전공

· 세계도자기엑스포 수필부문 대상

· 서정문학 시부문 등단

· 서정문학작가협회 회원

· 서정문학 운영위원

· 공저 : 『詩가 흐르는 골목길』 외 다수

우물은 그대로일까

마주보기도 했었어
그때는

몇 번의 헛기침으로 놓아주기를 생각하기도
그랬을 테지
두드려본다고
사람 속내를 알 수는 없는 걸
누구나 아는 사실인데 새삼
어찌해야 할까를 생각하다니
인연은 여지조차 없애고 조이기만 했지
감정을 바삐 움직여 진심을 찾지만
공허였다나
필요한 건 인내와 용기라고
행동해야겠다며 마음이 움직인 건
말끔한 생각으로 원하는 것 찾을 수는 없어
때로는 매몰찬 기 싸움도 방편일 수 있겠고
그늘의 한가함도 받아들였으면 좋았을 테지
서두른다고 선택의 갈림이 최선이었을 리 만무하건만
먼 한숨으로도 자취는 되돌릴 수 없는 건데

사유의 형태 바꾸기 시작했지
찰방거리며 문장으로 푸르렀던 거기
글자 두레박으로 건지던 인정은 있었다면서

이천터미널에서

온다는 기다림은 언제나 달콤하지

일방적 그리움이란 편도의 선이 그려낸
무의식이라도 내일이 없다는 것
그리다가 화석화된 무채색이랄까

오고 간다는 것은 합리적 희망이야
결코 올 수 없는 이를 기다린다는 건
무정의 불협화음일 테고

그녀의 기다림은 언제나 옳았어

돌아온다는 단순한 순환이
지루하지 않았을 몇 광년 동안
몇 대의 시내버스가 지나갔을 터이고
곧 만날 것이라는 믿음으로
의식 반복했을 거야

옛적 장소에 단지 머무른다는 것
그녀와 일직선으로 연결하고는
내 기다림은 전혀 옳지 않음을

암묵적 불규칙으로
돌아올 그 녀석을 태운 시외버스는
웃음을 까맣게 껴안은 채 떠나고
그 어미, 그 딸
1초 전 해맑음을 그저 먹먹하게 품는다

영보사 그 자리 2

거역 되지 못한 숙명
단지 자식이었기에
애끓은 모정 성스러운 축원
그 무엇으로도 막을 수 없었지

자식 겉만 낳을 뿐
속은 스스로 채워야 한다는
심오한 철학 심어 두고
행여 얕은 자리 검은 얼룩 질세라
노심의 어머니 기도는
깊어지고, 길어지고

도드람산 곳곳 물들인 염원
그리움으로 방울 수놓은
효의 전설 영보사 그 자리에서
내리사랑 위해 두 손 모으고

산 울리는 은은한 풍경
가슴으로 흘러내려
불멸 사모곡 몽실 피워낸다

1. 산수국꽃

2. 송이버섯

3. 구지뽕

김 관 식

· 숭실대학교 대학원 문예창작학과 박사과정 수료

· 1976년 전남일보 신춘문예 문학평론, 『자유문학』 신인상 시 당선

· 동시집 『토끼 발자국』 외 14권. 시집 『가루의 힘』 외 10권

· 문학평론집 『한국현대시인의 시세계』 외 7권, 기타 다수

· 한국시문학상, 백교문학상 대상, 황조근정 훈장

· 나주문인협회 초대창립회장 역임

· 계간 『한글문학』 『남도문학』 자문위원, 『서정문학』 운영위원, 『창작산맥』 운영이사

· 계간 『백제문학』, 『남도문학』, 『가온문학』, 『나눔문학』 신인심사위원

산수국꽃

지리산
피아골
산수국꽃 피었다

벌 나비들조차
눈길 주지 않아
너무도 서러웠다

큰 품으로 감싸주고
어깨 다독여 주는
헛꽃의 꼬드김에
숨어든 숲 속

헛꽃 쫓아오는
끈질긴 벌떼들이
이렇게 무서울 줄
정말 몰랐다

이럴 줄 알았으면
차라리
꽃만 피우고
서러워하지 말 것을

헛꽃
헛바람
파르타잔
밤이슬
차갑다

송이버섯

가을
울진 계곡
맑은 물소리
금강소나무 아래
송이버섯
송송송

수북수북 솔잎 아래
송이버섯
꼭꼭 숨어 자랐다
솔향기
솔솔솔

아무리 꼭꼭 숨어도
산마을 사람들은
금방 찾아낸다
코
벌름벌름

술래가 찾아낸
송이들

뿔뿔이 삿갓 쓰고
시장구경 나왔다

술래가 못 찾은
송이들
금강송이 달고나
지나가는 솔바람
군침 흘리고 간다

구지뽕

감나무냐?
뽕나무냐?
아리송

뽕뽕뽕
갈팡질팡
이리저리 왔다갔다
탁구공이냐?
쇠막대로 얻어맞고
줄행랑 치는
골프공이냐?

함께
탁구치고
골프했던
사람들 생각

화끈화끈
탁구공으로 골프공으로
날아온다

그때 그 순간들이

뿡뿡뿡

물컹물컹

가슴이 울컥거린다

1. 단풍

2. 별꽃아이

3. 이팝나무의 추억 2

김동석

· 동아대 경영대학원 석사

· 2015년 서정문학 시부문 『신인상』 수상

· 『남재문인회』 회장 역임

· 부산문인협회 회원, 서정문학 운영위원

· 저서 : 시집 『이팝나무의 추억』

· 현. (주)서영 부사장

단풍

단풍이 익어가는 산기슭에
가을 햇살이 내려 앉았다

고운 단풍 꽃잎이
빛을 머금고 나에게로 왔다

붉은 입술의 속삭임
귀에 감기는 분홍빛 밀어

두 눈에는 어느새
단풍 꽃물이 들었다

살에 박힌 단풍이
가슴에 뿌리를 내리더니
붉은 꽃 한 송이 피었다

별꽃아이

서녘 하늘에
황홍빛 물감을 푼 노을이
한 폭의 유채화를 그리다
까만 밤이 내 걸린다

아득히 먼 하늘에
은하수 별꽃 송이
초롱초롱 불을 밝힌다

해맑게 속삭이며
커다란 눈망울에
별을 담던 별꽃아이

아련히 밤 하늘 맴돌다
날개 접는 어둠 속으로
점점이 사라지고
내 가슴에도 별이 진다

이팝나무의 추억 2

흐드러지게 이팝나무 꽃피던
봄날은 가고 없는데
아득히 먼 하늘에 흰 구름이
새 이팝나무 꽃을 피웁니다

이팝나무 꽃잎에 앉은
하늘에 있는 엄마의 웃음꽃도
하얗게 피어납니다

흰구름은 하늬바람에
새하얀 이팝나무 꽃을
속절없이 자꾸만 피워댑니다

소슬바람이 붑니다
새 이팝나무 꽃잎도
엄마의 웃음꽃도 사라지고
먹장 구름이 하늘에
수묵화를 그려댑니다

눈물같은 가을비가
추적추적 내리는
어두운 밤이 오고 있습니다

1. "숨"

2. 득도得道를 향한 한 걸음

3. 좌망

김 석 련

· 서정문학 시부문 등단 · 한국서정작가협회 회원

· 한국 태권도 대표선수단 팀 닥터 역임

· 서울대성중학교 교사, 연세대 강사, 명지대, 경원대, 용인대 겸임교수 역임

· (현) 미국 버지니아 주립 죠지메이슨 대학교 연구교수

· 열린 태권도 연구소 소장 · 국기원 객원연구원

"숨"

'숨' 은
하나님께서 불어넣어 주신
생명과 영혼의 본질이자 에너지의 원천

침묵의 그릇에 고요를 담은
깊~은 들숨과 날숨은
마음 수련의 근본이자 깨달음의 실체

화두를 가진 호흡이고
음과 양의 교류이며
생명 에너지와 영혼의 작용이다

몸과 마음에 기氣를 조절하는 도구이자
기氣의 파동을 제공하는 매개체이며
세상속에 흩어진 마음을 내 안으로 끌어들여
현재 상태에 머물게 한다

'숨' 은
몸과 마음을 연결하는 내면의 연결고리로서
내 안에 잠자고 있는 영혼을 일깨우는 산들바람이며

도道를 향해 깨달음의 길로 나아가는
유일한 나의 길동무

과거와 미래는 번뇌의 대상이다
지금 이 순간을 직관할 수 있다면
눈에 보이는 사물이 '무상아' 과 '무아' 임을 깨닫는데
단 한 번의 '숨' 으로도 충분함을 줄 것이다

숨이 깊어질수록
마음은 고요한 사색을 즐기게 되고
그 고요함에 놀란 영혼이 깊은 잠에서 깨어나리라!

득도得道를 향한 한 걸음

낙엽을 밟으며 홀로 걷는다
밝음에서 어둠을 볼 수 있고
큰 것에서 작음을 볼 수 있고
긴 것 같지만 짧게 느낄 수 있고
빠름의 정점에 멈춤을 알 수 있고
옳음에서 그름을 발견한다

숲과 함께 숨쉬며 걷는다
어둠과 밝음을 구분하지 않고
작고 큰 것을 따지지 않고
짧음과 긴 것을 비교하지 않고
느림과 빠름에 상관하지 않고
그름과 옳음을 분별하지 않는다

발걸음이 무거워 잠깐 멈춰
깊은 명상의 한 숨 몰아 쉴 때
삶을 향해 빠르게 전진하여 왔건만
죽음을 향해 나아가는 느림의 발걸음이
점점 느리게 후퇴하고 있음이
사무친다

자연과 하나되어 걷는다
낙엽 밟는 소리에 사계절을 느끼며
대자연의 무궁한 섭리를
깊은 차원으로 관조하며
홀연히 무위의 길을
무심으로 내딛는다

한 걸음은
'무無' 와 '0' 의 묘한 이치를
또 한 걸음은
'도道' 를 향함이요
그 다음 한 걸음은
'존재' 를 위함이다

좌망

세속의 아우성이
앞을 가로막을 때

내 마음은 깊은 산중을 찾아
가부좌를 튼다

침묵과 함께하는
탈 속의 명상 세계는

그 무엇에도 의존함이 없는
순수 홀로의 순간

어느새
좌망 속으로…

1. 겨울 낮

2. 개미가 코끼리를 알 수 없다

3. 놓지 않는 손

김 현 희

· 충남대 국문과 석사 졸업
· '명리학그램' 저자
· 2016 서정문학 시부문 신인상
· 한국대표서정시선 공저자
· 서정문학 작가협회 회원

겨울 낮

진눈개비 내린다
버려진 간판 뒤
늙은 고양이 새끼 낳고 젖 먹인다
생사를 내려놓은 눈동자
흐린 허공을 바라본다

구직란을 들여다본다
지푸라기 이력서를 계속 쓴다

마음 편히 먹으라는 옆방의 실직자
허드렛일조차 나이 제한이 있다며
시급 일은 하루살이도 못 된다며
미미한 바람처럼 웃는다
솜털 빠진 외투처럼 통속적이다

살기 위한 번민이 찰나의 명상
미세먼지 하늘같은 단기 아르바이트

개미가 코끼리를 알 수 없다

물건이 주인인 세상에서
흔한 나뭇잎처럼 굴러다닌다

자기 합리화는 술주정
밥 한 톨이 대법관
타인을 모사한 가면을 쓰고
도구, 수단, 실용의 모서리가 된다

갈대의 흔들림이 길잡이
체념의 호신술이 영혼의 근육
편두통은 부서지는 포말
경계인, 빈민, 미지수의 삼각형을 산다

오후 네 시의 숲속 같은 분노
유랑극단 거리공연의 소재일 뿐
표류하는 피조물은 푸념이 없다
장기판의 규칙을 따르는 바둑알이다

표정 없는 슬픔이 버려지는 도시
폐기된 인간주의가 지구처럼 잘 돌아간다

놓지 않는 손

중앙시장 먹자골목
김말이 튀김을 먹는 딸의 손을 놓는다
울지 않는 아이를 훔쳐보며
건물 그림자로 사라진 어미

채소 리어카를 끄는 소녀
햇살 한 닢으로 끼니를 때우고
한 뼘 그믐달로 자란다
까마귀가 울어대는 나쁜 꿈을 꾸지만
그리움의 노역에 지치지 않는다

반세기가 흐른 후 낙엽 진 십일 월
허리 구부러진 저승꽃
저녁 파장의 재래시장을 기웃거린다
어미와 딸의 입술이 똑 같이 처져 있고
회색 눈동자 그늘이 꼭 닮아 있다

유령 같은 황혼을 품에 안아
녹슨 트럭 옆자리에 앉힌다
손 때 묻은 이름표 목걸이를 걸어준다
깡마른 심장이 은은하게 팔딱거린다

1. 벌이 살아

2. 덫

3. 역설

김호천

· 전남 장성 출생
· 서정문학 시부문 등단
· 서정문학작가협회 회원
· 광주시인협회 회원
· 광주시문학상 작품상 수상(2013.12.16)
· 광주문인협회 회원 · 서정문학 작가협회 회장 역임
· 시집 : 『초원의 반란』, 『변산바람꽃』

벌이 살아

밤나무 우거진 산골에서, 꽃 핀 들에서
꿀을 따던 벌들은 꿀을 얻기 위해
한 곳에서 오래 머물 수 없다.
꽃이란 때가 있는데다
꿀의 양 또한 한정된 것이니

한 무리의 다른 벌들은 정찰병처럼
대안의 현실을 찾아 멀리 떠난다.
안개를 헤치고 너른 강을 건너
꿀이 있을 낯선 곳으로 날아간다.
다칠 위험과 두려움을 등에 지고

멍게는 어려서는 돌아다니며
벗과 어울리고 먹이도 찾지만
머물 곳을 발견한 후에는
뇌의 움직임이 멈춰 자기 뇌를 먹는다.
머물 곳만을 찾기 위한 뇌.

등산을 할 때 익숙한 길은 편하다.
놀라운 것 새로운 것을 만나려면
아무도 가지 않는 돌길을 가야 한다.

나는 멍게가 되지 않으려 신간을 벗한다.
내 뇌 속에 벌이 살고 있는가 보다.

덫

바다에서 나온 어미 거북이
허겁지겁 산을 오릅니다.
굴곡이 진 길 뒤집히는 듯
간신히 몸을 가눕니다.

알을 낳은 구덩이를 찾은
어미 거북이 알은 품어
새끼 나오기를 기다립니다.
알을 굴려 위치를 바꿉니다.

커다란 뱀 두 마리가 기어들어
알을 품은 거북이를 감아
똬리를 틉니다. 그런데 뱀은
거북이와 알을
삼키지 않고 기다립니다.

휘파람을 불며 한 소년이
막대를 들고 다가갑니다
뱀을 건드려서는 잡아 포대에 가두고
또 한 마리는 쫓아냅니다.
거북이가 살아나나?
구덩이로 다가간 소년은

거북이와 알을 들고

의기양양 걸어갑니다.

역설

흐린 물, 진창 속에서
연꽃이 피고
썩은 낙엽 더미 밑에서
싹이 자라 꽃잎을 연다.

어부는 뻘 속에서
낙지를 잡아 올리고
조개를 캐고 소라를 줍는다.
어지러운 세태에서
영웅이 나지 않던가

어둠에서 빛이 태어나고
고난에서 강인한 내가 빚어지고
고통 뒤에 평안이 오듯
핍박과 억압이 짓누르는 속에서
태어나는 민주의 꽃

바닷물이 잔잔한 때가
얼마나 많던가
바람 불어 파도 일어
나무 쓰러지고
둑이 무너져도
새 삶은 시작된다.

1. 이슬 맺힌 할미꽃

2. 분재

3. 봄동

남 성 대

· 한빛문학 시부문 등단

· 현대문학사조 수필부문 등단

· 서정문학회 운영위원

· 한국저작권협회원

이슬 맺힌 할미꽃

허리 굽은 할미꽃
세월의 흔적인가

수정 같은 이슬방울
그리움의 눈물이던가

세월의 구비마다
허리띠 졸라매고
땀방울 눈물방울로
흥건히 적신 삼베적삼

쪄들은 가난 저리도 못 잊어서
거친 옷 걸쳐입고
등굽은 할미꽃으로 피어나

땀인지 눈물인지
방울방울 맺혀있네

분재

노을 진 창가에
소나무 분재 한 그루

자태는 천하명승에 뒤지랴만
지나온 여정을 말로 다 못하네

홀씨 되어 바위틈에 끼어
버티어 낸 세월이야
그렇다손 치더라도

가지 치고 뿌리 잘라
철사로 동여매고

그것도 모자라
굶기는 건 다반사라

어허야! 뉘라서
내 속을 알꼬

봄동

허송세월 늘그막에
한숨만 늘어

젊은 시절 허랑방탕
해지는 줄 모르더니

세월이 야속타 원망
뿐이라오

텃밭에 봄동도
한겨울 지난 후라서
제맛이라오

늦었다 하지 말고
봄동 한 포기 심어 봄이 어떠리

1. 거문오름의 봄날

2. 기억을 묻는 밤

3. 고사리 장마

박 상 배

· 서정문학 시부문 등단

· 한국서정작가협회 회원

· 전)제주특별자치도청 서기관

· 전)제주시 오라동장

· 공저 :『한국대표서정시선7, 8, 9』

거문오름의 봄날

그토록 우울했던 지난겨울
마음으로 다쳐 우는
적멸을 드리운 세상의 상처
오름 어귀에 혼자 앉아
헛헛한 가슴을 쓸어주고 안아주며
오욕칠정 다 비워낸다
억울한 영령들의 넋을 위로하는
깊은 분화구 한복판엔
동안거 마치고 떠나는 발걸음
찬바람 넘나드는 나절은
복수초 꽃잎에 살짝 얹은 햇살처럼
남몰래 가슴 태우는데
초록빛 불러 모으는 능선 너머
평생 젊을 줄 알았던 지난 세월은
차오르는 감정을 꾹꾹 눌러
허공으로 뿌리 내리고
바라만 봐도 가슴이 저려오는
끝날 것 같지 않던 꽃잎을 열어
짙어가는 봄빛에 마음 내맡기고
밀린 숙제하듯
남몰래 웃자란 욕심 걷어내며
바삐 건네는 거문오름의 밀어들

기억을 묻는 밤

어디론가 떠날 수 있지만
포기하고 싶을 때마다
서로의 이야기에 귀 기울이며
버릇처럼 일상을 물들여가고
세월과 함께 쌓여버린 덤덤함으로
촌로의 머리에 덧바른 염색처럼
오랜 역사가 입힌 세월의 색
인간적 요소가 쇠락해 가는 요즘
마음을 싸고 있던 포장지를 뜯어내어
집 나간 영혼을 찾는 나그네
기억은 흐려져도 추억은 새겨지고
요란하지 않으면서도 소박한
어머니의 그늘은 햇살보다 따뜻하다
잊혀가던 오랜 삶의 기억들이
당신이 멈추어선 그 곳에
그런 오늘을 담고 그날이 된지 긴 세월
더운 바람이 냉기를 풀어내지 못하고
거리를 배회하다 멈추면 추억을 되묻고
선명한 기억부터 내려놓는 이 밤

고사리 장마

일출보다 이른 새벽
어스름의 실루엣을 비집고
고사리 채취에 나서는 계절
어젯밤부터 담장 너머
고사리 장마 소식이다
평화롭고 한적하던 마을은
낯선 인파로 소란스럽다
겨우내
움츠렸다가 숨바꼭질하듯
불쑥 고개 내민 고사리는 모두 꺾이고
간혹 살아남아도 발밑에 깔려
갈기갈기 찢어진 낙인을 새긴다
매서운 바람이 스쳐간
일그러진 고사리 밭 어귀엔
생과 사가 뒤엉킨 4월이 걸리고
망자의 설움은 원한에 사무쳐
악몽을 잉태한 두려움으로
무겁게 짓누르는 어둠에 갇힌다
혹독한 땅에 생명을 이어가는
야속한 시간이 빗금으로 드러눕고
가슴 후비는 속울음이

버릇처럼 솔기에 숨어들 때마다
일흔 해 굴곡진 넋은
강파른 어깨에 창백한 날을 세운다

1. 부활이 없는 북한산

2. 따뜻함에 대하여

3. 까치콩 연애

박 성 순

· 서울출생

· 서정문학 시 부문 당선

· 교육복지사, 가족 상담사

· 체험학습강사 · 한국어강사

부활이 없는 북한산

오르고 올랐을 수많은 사연으로 나무를 심고
씨앗을 흩날린다.
잃어버린 정인을 찾아 넘고 넘었을 고갯마루
잊어버린 자들을 떠나보내며
한숨 지어보는 등마루 언덕.
북한산도 한숨을 내쉰다. 휴-

이미 영원한 형벌 아래
움직이지 못하는 체형을 받고서도
올라오는 이들에게는 희망을
내려가는 이들에게는 안식과 평안으로 축복하는
북한산 등걸이 들썩인다.

해거름이 내리면
서울을 품고
온갖 시름과 고통과 가난을 딛고
일어서는 촛불이 되라고
콧노래를 불러준다.

십자가 형벌엔 부활이 있어도

부활 없는 형벌을 받은 북한산.
화석이 되어
붉은 십자가 장식옷을 두르고
밤이 새도록 기도를 드린다.

이웃집

나는 2층에 산다.
3층에는 좋은 아빠가 산다.
퇴근 후 엄마가 오기까지
아이 둘과 숨바꼭질로 아이들 웃음소리가 끊이지 않고 천장이 울린다.
하하호호
까르르 깔깔
나까지 절로 웃음이 난다.
쿵쿵거리는 소음도 참아본다.

나는 2층에 산다.
1층에는 아이 셋인 나쁜 아빠가 산다.
밤사이 잠깐 아이울음이 들리면 2층까지 들리는 괴성으로
"뚝!"하고 한마디로 아이들의 새소리 같은 소리도 조용해진다.
2층에 사는 나도 떨린다.
아~ 아프다.
아~ 떨린다.
아~ 두렵다.
……
2층에 살며 떨리는 건 내 가슴인데
깨지는 건 1층 거실 유리 창문이다.
유리 창문보다 더 오래 더 뾰족하게 깨지는 건
아이들의 마음과 영혼이다.

창문은 다시 갈아 끼울 수 있지만
아이들의 마음은 리셋이 어렵다.

까치콩 연애

봄, 여름
뙤약볕
이름도 얼굴도 몰라보았다.

태양의 고도가 북한산 붉은 자락으로 넘어갈 무렵
연보랏빛 치마를 입고
고개를 살며시 부끄럽게 일으켜 세우던
너의 이름은
까치콩이었다.

그렇게 많은 콩들 중에
너 만한 자태를 처음 보았고
그 알 수 없는 향기로
하루 종일을 연연해했다.

네 속에 감추인 보배는 뭘까
또 너는 어디로 달려갈 것처럼
잡아도 잡혀지지 않을 것만 같이
넝쿨을 칭칭 휘감으며
하늘로 하늘로 올라갔다.

떨구어진 몇몇의 작은 집들이

이미 떠나보낸 너를 그리며
가을 어느 날 빛바랜 옷을 갈아입고
깊은 한숨과
그리움으로 내 안에서 울고 웃던
지난날을 기억하며
연두에서 초록으로
초록에서 검붉은 색으로 수놓아 갈 때

넌 나보다 더
그런 나보다 더
붉은 보랏빛보다 더
검붉게 타버린 네 마음을

거기에 두었더구나.

1. 건배

2. 깃발

3. 미명의 시간

박 채 선

· 2011년 한국 미소문학 시부문 등단 · 2014년 서정문학 시부문 등단
· 한국 미소문학 작가협회 회장 역임
· 현)명예회장 · 서정문학 운영위원(현)
· 시와 수상문학 작가협회 회원 및 홍보팀장(현) · 한국 문인협회 회원
· 방송통신대학교 국어국문학과 졸업(2016년)
· 시와 수상문학 문학상 수상 · 한국 미소문학 본상 수상
· 시집: 『세발자전거로 가보는 사람 사는 세상』
『하늘빛 연가』, 『빈 가슴 채우는 시린 바람꽃』
『미워도 그립고 아파도 사랑하며』

건배

소용돌이도 여울도
두려움 없이 헤쳐온 날
검게 타버린 세월 앞에
애증도 원망도 없다.

폭염 속
바람의 뼈를 발라
촉수를 곤두세우던 생각도
이젠 벗어버리자.

다시 돌아갈 수 없는 길
서걱거리는 생애에
빈 잔을 채우자.
멀미나도록 취해보자.

깃발

숙연한 떨림으로 옮기는 발걸음
덧없는 인생만큼이나
갈피를 잡지 못한 회색빛 하늘
겨울 햇살도 병색이 짙다.

비우지 못한
내 안에 또 다른 나
끝나지 않은
시공간 속에 갇혀버린 인연들.

지친 육신은
서서히 주저앉고
가슴속에 묻어두었던 사연마저
젖은 눈물이다.

시들고 찌들어진 마음
오늘이라는 흐름 속에 나를 헹구며
내일을 향해 깃발을 높이 들자.
살아있는 자들의 이름이 되자.

미명의 시간

산그늘보다 더 짙은
우울한 흔적들이
빛과 어둠의 사이
묵언으로 앉아 있다.

기억을 태우다 텅 빈 가슴
오직 바람만이
맴돌다 간다.

녹색 여울에 빗질 된 햇살이
미명을 깨울 때면
빛 고운 영혼이
향기로 펼쳐놓은 시어가
아침을 마중한다.

1. 초자아

2. 플라타너스의 첫눈

3. 사랑의 XYZ

배 동 칠

· 동국대 대학원 석사
· 서정문학 6기 시조부문 등단
· 서정문학작가협회 감사
· 서정문학 운영위원

초자아

실존과 형태는
떼어놓지 못 하나

물속에 비치는 달
창공의 달이 아니고

거울 속, 불빛 그림자
진정 내가 아니다

밝음 없이 어둠 없고
진짜 없이 가짜 없듯

삶 없고 죽음 없어
생사가 하나인데

너 없고 내가 있으면
이 세상 어찌 하리

플라타너스의 첫눈

아직도 플라타너스 잎 늦가을 잠자는데
어느새 새 하얀 눈 찬 입술 내민다.
서릿발 님 맞기도 전에 순정의 가슴이 휑하다

길속을 헤매는 오염손짓 참고 견디다
갈색 옷 치장 못한 기다림 마음 가에
한때를 당겨 놓치니 한세상이 애달프겠다.

사랑의 XYZ

자타가 만든 엑스 와이 제트(XYZ)의 관계
모양 다른 만남의 세계, 그리움의 결정체
강가에 숨 쉬고 있는 저마다 조약돌이다

너와 나 밀려오는 파도에 고독을 씻기며
자아의 선율, 원본 없는 수많은 음표로
외로운 마음을 함께 나누는 합창이다

누군가 남산타워나 파리 세느강 난간에
자물쇠 걸고 영원할 것을 약속한다
우주 속 지금 순간이 몇 곱 지(Z)인지 모른 채

기억은 지워져도 지워지지 않는 사랑
사랑을 한다는 것 불치병과도 같은 것
끝까지 낫지 않아도 좋을 것 같은…

1. 보석 같은 내 눈물

2. 해 저문 저녁 노을

3. 저 언덕을 넘어

서 귀 례

· 30대 한복집 운영

· 40대 피혁회사 운영

· 서정문학 시부문 신인상 수상

· 서정문학작가협회 회원 · 서정문학 운영위원

보석 같은 내 눈물

계절의 아픔을 허물고
갈대밭 울음 때
슬픈 내 사랑 운명 되어 돌아오고
눈물 속에 꽃은 피더라.

바다에도 세월은 오듯이
모순의 파란 강은
그 한자리를 위한 강인함
피멍 진 가슴을 쓸어간다.

길 잃은 바람 방황 속에
가슴의 빗장을 풀어놓고
침묵으로 외면했던 고문
연붉은 그리움 눈물 젖는다.

붉게 타버린 고목에
그리움이란 푯말을 걸어놓고
닿을 수 없는 그리움이기에
더욱 애잔한 추억.

인생은 꽃망울 터지는
날만은 아니었던 것을
쉽게 포기한 우둔한 지혜
하얀 여백에 그리운 편지를 쓴다

해 저문 저녁 노을

별빛 아롱진
은하의 강변에
순진한 내 마음 풀어놓고
가을햇살 일렁이는 길 따라
얼룩진 세월 잠들고 있다.

붉게 물든
하늘에 묵혀버린 저녁놀
잠깐 쉬었다 가는 인생
호수가 총명한 별빛.

가을이 깊어가는 계절이
걸어온 아득한 길 뒤에
자욱한 안개처럼 남아버린
피멍 든 추억의 그림자.

잿빛 구름 흐르는 하늘에
미련의 영혼이 나를 가두며
그늘진 그림자 들숨이 되어
토라진 세월이 무색하다.

성난 파도
날숨이 되어 철썩이고
초록빛 대지가 누렇게 물들어
한아름 내 품속의 연인.

저 언덕을 넘어

자박거리며 너울지는 하늘 틈새
기웃거리는 외로움
옛 기억을 지우려나.

지금 내 앞에 머문 것들
가을바람 서늘하게 부는 밤
낙엽이 어디론가 떠난
네 초록빛 그리움.

근심 속에 저무는
무거운 하루 해가 서산을 넘어
고요한 어둠을 내리고
감동의 물결만 일렁인다.

파란 하늘에 백로가 노래하며
가을 길 노랗게 물든 거리
노년의 가슴에도
생기를 불어 넣어준다.

1. 커피

2. 좋은 친구들

3. 희망

선 우 현

· 지필문학 당선

· 시와늪 1차 추천

커피

그윽한 향기
내 마음속 깊은 자물쇠

우리가 주고받던 대화
익숙했던 너의 모습

내 모습과 행동들은 지운 듯
커피의 얼룩을 지워져 가고

늘 손에 들린
커피 한 잔처럼
난 오늘도 그에게 걸어간다.

좋은 친구들

진달래 따먹던 그시절
꿈에서만 그립던 그 모습

손수레 끌던 붉은 손길들
친구들은 하나 둘씩 사라지고

나의 빈 가슴이 어떻게 움직여야 하는지
자꾸 신호음을 나타내고

오랜만에 찾은 산과 들은 언제나 솟아오른 듯
나무 뒤로 숨어 있고
메아리 소리만 나를 찾는구나

그리운 친구들
우리 다시 신호음이 울리면
그때에 다시 만나자꾸나.

희망

외쳐도 들리지 않고
느끼지 못한 채

덩그러니 외롭게
외톨이로 살아온 인생

오늘도 빈방에는 눈물만 맺히고
하염없이 내 자신만 생각하게 하네

늘 곁에 있는 것만으로
우리에게 큰 희망의 날개였는데

살아온 인생이 너무 커서 행복한 일도 마음도
채우지 못 한 채 느낌 그대로 살아가는 여정이여

새로운 삶에 도전을
예쁘게 꿈꾸는 내 모습에 오늘도 난 희망을 걸어본다.

1. 가을 여행

2. 내 마음의 남쪽 먼바다

3. 프리덤

송 미 량

· 제주대학교 대학원 간호학과 석사
· (前)제주특별자치도 한국병원 책임간호사
· 서정문학 12기 시부문 신인상, 한국작가 수필부문 신인상
· 한국작가동인회 제주도지부 회장(2014) 역임
· (現)서귀포시 대평보건진료소장

가을 여행

걷자, 오늘도 만보 걷자
마음이 무겁고 우울이 밀려오는가요?
그는 걸을 것이요
슬픔의 안개 속에 힘이 드세요!?
그는 걸을 것이요
가난과 고독이, 외로워서 아프시나요?
그는 걸을 것이요
어느 누군가에게의 암癌이라는 청천벽력 날벼락같은 안타까운 소식에도
그는 걸을 것이요

절망은 죽음에 이르는 병, 땅이 꺼질 것처럼
낙망이 되시나요, 앞이 캄캄하게 주저앉고 싶으시나요
그는 걸을 것이요
훌훌털고 일어나 걸으세요
아버지가 그리운 날에도 걸으세요
보약같은 걷기
하나밖에 없는 우리네의 병원인 지구촌 대자연을 버성겨
걸으면 병이 낫습니다
기도의 마음을 실어 걸으면 새 힘 퐁당퐁당 병이 낫습니다
두루 두루 행복하세요

걷자, 오늘도 만보 걷자

그래 프로방스의 라벤더 보랏빛 환상길이 아니어도
산티아고로 난 그 순례길, 규슈길이 아니어도
한라산길, 보물섬 곶자왈 제주 올레길이 아니어도
무조건(?) 위하여 걷자
즐겁고 기쁘니까 고요하고 평온하니까
계절이 사랑스럽고 평화롭고 아름다우니까
그냥 미친 듯이 걸어도 조암직하다

좋은 햇빛이, 높푸른 구름진 창공이, 고운 바람결이 은혜롭수다
청보리 물결 넘실대는 봄철의 가오리 닮은 섬 가파도
항공모함 닮은 마라섬에서도
산. 바다. 하늘 모두 푸르른 "슬로우시티" 청산青山도며 다케시마 독도섬,
백령도에서도 걷는 거다
그래 다크투어길 그 참혹했던 역사문화의 탐방 현장길
그 4.3길도 빼놓지 말고
걷자, 오늘도 만보 걷자
걸은 만큼 성숙해질까?

아니 걸었으므로 행복하였네라 힐링업! 파이팅

내 마음의 남쪽 먼바다

마파람 불어
이글거리는 하얀파도가
춤을 추듯이
부서지며 다가옵니다
검푸른 물결을 하고

잠을 자듯이 고요한
내 마음의 파일들에
아롱지는
우리네 기억의 언저리들을
자연 일깨웁니다

아름다운 마음들을
모으며 살아야지요
오늘날 불상사 당한
황칠이의
온전하고 깨끗한 치유를 빌어봅니다

프리덤

맑고 높은 파란 가을 하늘
진정
가난한 이름으로
까치밥의 사랑으로
참 자유함을 누려요

1. 흐린 날

2. 길에 떨어져 터진 감

3. 빈 병

신홍승

· 서정문학 6기 시부문 등단
· 한국서정문학작가회의 회원
· 강릉원주대 산업정보경영공학과 졸업

흐린 날

내가 당신을 힘들게 했구나
이토록 아픈 것을 느끼니
내가 당신을 진심으로 사랑하였나 보다
눈물이 흐른다
진심이 녹아흐르는 것처럼
뜨거운 눈물이 내 몸밖으로 흐른다
그토록 뜨거운 눈물은 결코 얕은 마음이 아닐 것이다
깊은 마음이 아픔을 참지 못하고
내 몸밖으로 흐르는 중이리라
그나마 다행인 것은
내가 이렇게 당신 때문에 아플 수 있다는 것
당신을 사랑하는 내 마음이 장난이 아닌 진심이라는 것
그것이 그나마 나에게는 위안
당신을 아프게 한 고통에 비하면
아무것도 아닌 위안
나는 한동안 이렇게 아파야 될 듯싶다

길에 떨어져 터진 감

내가 그에게 무심했다
진작 그를 보러 왔어야 했는데
처참하게 부서진 그를 보며
내 마음도 똑같이 부서진다
그가 부서지며 완성한 가을처럼
눈부시고 아름다운 가을이다
그를 잊지 못 할 것이다

빈 병

빈 병이 바닥에 떨어져 있다
무엇을 기대하기 어려운 빈 병
처분을 기다린다
빈 병안으로 생명체가 들어온다
빈 병에게 심장이 생긴 것 같다
병 안이 활기차다

1. 찔레꽃

2. 서리

3. 담쟁이덩굴 사랑

안 영 호

· 한국서정문학작가협회 회원 · 서정문학운영위원

· 한국본격수필협회 회원 · 강진문인협회 회원

· 시집 : 『머물고 싶은 세월』, 『세상살이 엿듣기』, 『우리 꽃 야생화 잔치』

· 수필집 : 『가르치며 배우고 배우면서 가르치고』

· 자서전 : 『CEO 시작해서 마무리까지』

찔레꽃

푸른 치마에 흰 저고리 입은 여인들이
오가는 길손들 눈길 받고 싶은지
옹기종기 둘러 앉아
웃음 짓는 찔레꽃

가시가 날을 세우는데도
싫은 내색 없이 뒤엉켜 지내면서
상처 하나 남김없이
하얀 보석들이 반짝거린다.

속 속으면서도
믿고 사랑하였기에
가슴앓이 사연들을 삭이며
기다리는 나날들

청초한 아름다움과
내뿜는 그윽한 향기에
취해버린 나는
나비가 될 수밖에 없었다.

서리

노을이 내려앉자
땅거미들이 제집을 찾아들어
모두들 잠을 청한다.

그리움에 잠을 설친
눈 뜬 서리들이
풀잎에 다가가
사랑을 속삭이자

시려서 아픈 꽃이
무엇이 그리도 서러운지
그렁그렁 눈물을 글썽이다
흔적도 없이 사라지면서

사라진다는 건
없어지는 것이 아니라
본향으로 돌아가는 것이니
이별을 슬퍼하지 말라 말한다.

담쟁이덩굴 사랑

담벼락과 담쟁이덩굴
틈새에 끼어
하늘과 땅을 연결하려는
곡예사의 묘기

한 개의 디딤돌도
한 줌의 흙도 없는
담벼락 등에 업힌
가녀린 혈관들이

붉은 손 내밀면서
내 사랑 받아줄 때까지
반드시 타고 넘으려는
악바리 삶의 몸부림

1. 감자와 할머니

2. 가을 잔치

3. 나목裸木

양 향 숙

· 2017년 『서정문학』 시부문 등단
· 서정문학 운영위원
· 서정문학작가협회 사무차장
시집: 『꽃마리의 연가』

감자와 할머니

압력솥을 여니
윤기 나는 알몸의 감자 네 알

동네 할머니들
우리 집 넓은 마루에 앉아
삼베 껍질 갈라 잇던
뽀얀 허벅지를 닮았다

솔가지를 태운 가마솥에서는
귀한 계란찜이 나오고
호박잎 깐 보리개떡이 나오고
겨울이면 구수한 깻묵장이 나와
열 식구 밥상으로 불러 모았다

미처 껍질 벗기지 못한 감자는
등이 터져 포실한 분이 일었고
꺼끌거리는 호박잎
밥 위에 얹어 쪄
볼이 미어지게 싸 먹던 그 옛날

낮엔 들일하고 밤에는 길쌈
졸음 쫓느라 수 천 번 꼬집었을

감춰진 할머니의 허벅지가
허옇게 어른거린다

가을 잔치

바람이 툭
햇살 주머니 터트리면

화선지에 먹물 배이듯
산과 들에 스며드는 오색 빛

노오란 햇살 사려
수를 놓는 은행잎

빠알간 빛줄기
한 올씩 잡아당겨
박음질하는 산딸나무 열매

하얀 명주 빛 뽑아내어
애기나팔꽃은
배냇저고리 짓고

하늘빛 고운 웃음으로
나비잠 자는 닭의장풀

제 빛깔 옷을 입혀

가을잔치 준비하는
오색 빛 누리

나목裸木

한 생을 떠받치던 대들보 두 개
풍화작용에 휘청 거린다

고찰의 아름드리 대들보도
시간 앞에 삭아 가는데
흙으로 빚어진 것이야 어련할까만
내 몸 빚어진 다리는 생각 못했다

가늘어진 다리로 더는 지탱할 수 없어
다리에서 가슴으로 가슴에서 머리로
밀어 올린 세월

켜켜이 쌓아 둔 기억
살얼음 같은 뚜껑을 열어
우렁이 속
속울음 하나씩 파먹고 있다

단풍잎 떨어지듯
기억 한 잎씩 떨구고 있다

1. 백양사 사랑

2. 밀실

3. 붉은 장미

오 정 임

· 새얼 전국 백일장
(2011년 7월 7일 장려상, 2014년 6월 24일 차상)
· 서정문학 시부문 신인상
· 서정문학 운영위원 · 서정문학 작가협회 회원
·『한국대표서정시선8』 공저

백양사 사랑

고요하고 고적한 가을날
백양사 물결 위에 나를 놓고
마음을 비워봅니다

찬란한 햇살이 고운 머릿결 위로
비춰오고 사랑은 만지면
터져버릴까 봐
여린 숨결을 감추었나 봅니다

아래로
아래로
흘러온 사랑은
언제나 초심
엄마의 마음처럼
백양사 사랑은 꺾지 못 할
순수로 물들어 옵니다

그 사랑이 다하면
짧은 생애가 애달파도
핏빛으로 더 붉은 사랑을
물 위에 떨구고
영원으로의 소풍을 떠나겠지요!

백양사의 근엄함 아래
여리고 아린내가 사랑을 받고
사랑을 했습니다
검게 드리워진 그림자까지
가을이었습니다

밀실

찬란하다던 봄이 밀실에 갇혀 있었다
그는 동그란 안경을 쓰고 엄지손가락으로
동그라미를 그려 밀실을 들여다본다
어둠을 뒤집어쓴 물줄기가 졸졸졸
들릴 듯 말 듯 터뜨릴 꽃망울처럼
얕게 흐르고 있었다

겨울 외투는 꽉 마른 허기진 배를 움켜쥐고
너무 말라버려서 툭툭 털어내도
먼지는 밀실 틈 햇살 사이로 보일뿐
정적이 흐르던 그곳에 삐딱하게 닫혀진
문이 열렸다
한 발짝 두 발짝 누구였을까?
어둠 사이로 불그레한 조명이 켜지고
밀실 안 봄이 촉촉히 젖은 눈빛으로
 그를 바라보았다

벗어던진 외투는 찢겨지고 오랜 갈망과
기다림의 겨울이 더 이상 참지 못했던 것일까?
밀실은 이렇게 타 올랐다
격정의 밤을 지나 봄은 꽃을 피우고
그는 그봄을 맘껏 안았다

부서져버린 밀실은 더 이상 슬프지 않았다

햇살이 웃어주고 밀실 안 물줄기는
세상 밖으로 흘러 풀과 꽃이 되었다
그대와 봄이 사랑한 것은 숨겨진 스토리가 아니다
아담과 이브의 사과처럼 화살맞은 꿈같은 맛
그래서 봄이 오고 꽃이 피고 싱그런 여름이 온다

밀실의 슬픔을 견딘 계절꽃.

붉은 장미

물빛 머금은 탐스런 얼굴
꽃잎까지 입안의 축제
검붉게 물든 혀의 상흔

숨막힌 사랑
붉은 키스
똑똑 떨어지던 날.

1. 노을

2. 나방

3. 정원

옥 혜 민

· 조선대 국어국문학과 졸업

· 서정문학 시부문 등단

· 창조문학 신문사 소설 등단

· 서정문학 작가협회 회원

노을

노을이 피어나 그 모습에
내 마음이 그 빛으로 물든다

그 모습이 따스하고도
내 마음을 행복하게 한다

빛과 함께 나와 함께
세상은 주황빛으로 물든다

노을이 피어나 그 모습에
내 마음이 그 빛으로 물든다

그 모습이 스산하고도
내 마음을 따스하게 한다

빛과 함께 나와 함께
세상은 그 빛으로 물든다

세상 속의 그 빛은 그 모습으로
따스하게 우리 마음에 피어난다

세상 속의 그 빛은 그 모습으로
온화하게 우리의 마음을 적신다

나방

푸르른 풀잎 위로
하얀 날갯짓을 한다

세상의 아픔과
슬픔과 행복들이

내가 사는 동안
다시 반복된다

삶은 힘겹고
때로는 기쁘기도 하지만

나의 푸른 세상은
여전히 그대로이다

삶을 사는 동안
슬픔이 찾아오지만

나는 세상 속의
그저 작은 존재이다

정원

꽃이 피어 한창일 때
행복이 피어난다

나무가 자라 한창일 때
기쁨이 자라난다

세상 속의 슬픔과 기쁨은
나 스스로를 생각하게 한다

세상 속의 꽃과 나무는
항상 그 자리에 피어난다

삶은 언제나 우리에게
새로운 모습으로 다가온다

삶은 언제나 우리에게
행복한 모습으로 다가온다

삶은 언제나 우리에게
행복한 모습이 되어 준다

유혜민

1. 장마철에는

2. 풍장風葬

3. 너를 생각하면

이 영 권

· 경북대학교 사범대학 영어교육과 졸업
· 한국외국어대학교 교육대학원 영어전공(석사) 졸업
· 2002 한국교육신문 교원문학상 시부문 최우수상 수상
· 시집: 『그러나 먼 곳』(문학의전당)
· 2019년 『서정문학』 시부문 신인상 수상
· 서정문학작가협회 회원, 시마을, 시하늘 회원

장마철에는

이 넓은 세상도
그 큰 덩치답지 않게
한 열흘 밤낮 만사 제쳐두고
엉엉 울고 싶은 때가 있다

뭐라 할 거 없이
그동안 맺혔던 한이
설움 되어 복받쳐 올라
세상의 오장육부를 화악
뒤집어 놓을 때가 있다

울어라
울고 싶을 때는 울어야 한다
서슬 푸르게 독기도 품어보고
세상을 흔드는 소리로도 울어봐야 한다
울다가 힘들면
쉬었다 또 울어라
고인 슬픔 막힌 설움 가득한 그리움
쫙쫙 면발 뽑듯
눈물 뽑아내며 울어야 한다

울고 싶을 때 그렇게 울고 또 울면

온몸 다 적시며 흐르고 흘러
도랑물이 시냇물이 되고
시냇물은 강물이 되어
네 하늘 검은 구름도 마침내 걷히고
하늘 같은 바다를 맞이하리라

풍장風葬

비 온 후 공원 풀 섶을 빠져나와
뼈대 없이도 살아갈 수 있음을 시위하듯
콘크리트 위를 기어가는 지렁이
살아온 삶의 모습이
수많은 주름위에 주름져 있다
몸속을 접어 몸 밖을 펴는 연동운동
낯선 길인 듯 조금씩 조심조심 나아간다
산티아고와 같이 먼 순례의 길이라 여기며
무거운 몸을 앞으로 앞으로 서두름이 없다
먼 기찻길 위에 꾸불텅하게 지나가는
기차처럼 자신이 갈 길이 나 있는 듯
어떤 일이 일어날 지도 아는 듯 담담하다
번들번들 윤기 나는 피부
구름 걷어내고 나와 작열하는 태양
머금은 물기 앗아가기에 안성맞춤인 바람
무엇이든 갑작스러운 것은 싫어
마른 흙먼지 묻히며 버티는 것도 잠시
몸은 차츰 굳어지고 주름작용도 둔해진다
이미 각오했던바 여기 비탈길 어디쯤
햇살 좋고 바람 잘 통하는 개활지
소일하듯 들리셔서 하시던 아버지처럼
소인국 걸리버가 되어 하늘 보고 눕는다

이제 모든 것에 의지는 없다
바람을 이불 삼고 밤낮 일월의 운행 따라
왔던 곳으로 돌아가는 길 위에 있을 뿐
모여드는 개미들도 서두르지 않는다
하늘 나는 새들도 날아와
식어가는 작은 심장과 간을 쪼아 다오
바람은 부지런히 불어 햇살과 어우러져
굳어가는 살갗을 애무해 다오
시간을 다해 껍질과 살을 말려서
장식도 해탈도 없이 풍화시켜
보이지 않게 훨훨 훨훨 날려가 다오
지나치는 발과 바퀴들의 무관심도 좋다
모든 살아있는 것들의 끝이 다르지 않으리니
이 한 몸 아낌없이 해체되고 먼지 되어
흔적도 없이 사라지고 싶다

너를 생각하면

언제부턴가 너를 생각하면
봄은 사치가 되었어

네가 바다로 떠나고
세월에 실려 세월 속에 잠긴 때부터
봄에 피는 꽃들은
미소보다는 이슬을 머금었지

여름을 만나지 못한 채
봄마저도 다 보지 못한 채
물 위에 떠가는 꽃잎들처럼
추적추적 밤새워 내리는 봄비처럼
내 가슴도 온통 이슬에 젖었어

살다보면 누구나 다
한 번은 떠나가는 것이라고
한 번은 누군가의 가슴을 흔드는 것이라고
애써 위로하기에는
하늘 한편이 너무 크게 무너졌었지

무엇보다도 슬픈 것은
그렇게 누구나 사는 삶을

살아보지도 못하고 그 한 번을
너무 일찍 맞이한 때문이야 너는

너를 생각하면
하늘도 산도 강도 바다도
밤하늘 별들까지도 사치이겠지만
내가 살아 숨쉬는
이 공기마저도 사치인 것 같아
사치인 것 같아

1. 단풍

2. 국화

3. 담쟁이

이 의 수

· 경남 밀양 출생

· 심리상담학과 전공

· 2019 서정문학 시부문 등단

· 서정문학 운영위원

단풍

멀리 가지 않아도
눈만 돌리면
불꽃놀이가 한창이다

모든 걸
내려놓으려는
그 몸짓이 오히려
화려하다

가을이 더 머물기를
간절히 원해도
어쩔 수 없는 순환의 굴레

겨울을 재촉하는 새벽 비에
수북하게 떨어진 낙엽이
마지막 편지를 쓴다.

국화

가을이면 한자리를 차지하는 꽃
우리 학교 현관 앞에
나란히 줄을 지어 손님들을 맞이한다.

자주색을 곱게 차려입은 소국이
꽃봉오리 맺어 이사를 오더니
아침 햇살에 아이들의 재잘거림에
하루가 다르게 화사하다.

노란 대국도 질 수 없는지
큰 키를 자랑하며
바람에 살랑인다.

놀이시간 철없는 아이들의
공놀이에 상흔 없이
온전히 꽃을 피웠으면 좋겠다.

담쟁이

예쁜 벽기둥에
울긋불긋한 벽화

온 생애를 걸고
달라붙은 저 몸부림이
핏빛 울음이다

척박한 환경에서도
끝까지
살아남으려는 끈기

서로가 서로의 허리를 잡고
기어오르다 멈춘 자리에
붉게 탄 가슴들

1. 인스타1

2. 인스타2

3. 인스타3

이 지 운

· 광고, 홍보, 전시 영상 등 1,000여 편 시나리오 작업한 영상 작가

· 장편소설 『더아일랜드』 출간

· 세이프타임즈 〈그 성에 가고 싶다〉 칼럼 연재.

· 2018년 『서정문학』 시부문 신인상 수상

· 서정문학작가협회 회원

인스타1

꽁꽁 언 마음 녹이는 건
햇빛 같은 너에겐 매우 쉬운 일

그저 내 마음 향해
한 움큼의 시선만 던지면 되는 일

응달에서 덜덜 떨었던 내게
선물처럼 찾아온 너,

인스타2

내 사랑은 언제나 신기루였다

갈증과 더위로 길 잃은
볼품없는 날 반갑게 맞은
작은 샘과 야자수

탈탈 털어 사랑했지만
모두 가짜였다

송두리째 잃고도
야자수 주변을 맴돌던
날 끄집어낸 건

오아시스 같은 너,

인스타3

친구 오른손에 커플링이
별처럼 반짝인다

가짜 사랑이라도
사랑할 땐 진짜인 듯 보였는데
내 손가락은
한 번도 빛나지 않았다
들에 핀 꽃 머무는 일조차 없었다

언젠간 내 손에도
별이 내려앉을 날 오겠지?

1. 북

2. 내일도 배낭을 멘다

3. 목련

이 창 원

· 충남 서천 출생

· 고려대학교 교육대학원 국어교육을 전공

· 2011년 서정문학으로 등단

· 중앙대학교 예술대학원 문예창작전문가 과정에서 시 공부

· 시집: 『이끼의 저녁』 (2015)

북

북을 쳐볼까, 채를 들고 슬쩍 건드려 본다
심드렁한 소리를 손바닥으로 쓸며 달래보는데
매끄러운 가죽이 숨죽이며 떤다
손목의 힘을 풀고 슬슬 북을 쳐본다
몇 번의 무두질로 가죽은 희미한 무늬마저 지워져서
어느 짐승의 순한 눈동자인지 들여다볼 수 없다, 하지만
마지막 맥박은 파들거리며 손끝에 잡힐 것도 같다
소리는 박자를 짚으며 점점 높아지는데
제 육신을 비워야 비로소 다른 육신을 떨게 할 수 있다는 듯
둥둥 저 짐승이 나를 흔들며 운다
북은 떨며 커다란 고치처럼 부풀어 오른다
팽팽해진 틈을 열고 웅크리고 있던 나방 한 마리마저
어두운 숲속으로 도로 날려 보내줄 것만 같다, 나는
울렁거리는 속을 끝내 비울 수 없을 것 같아
오래 묵은 울음 한 마리 토해낼 수 없을 것 같아
채를 내려놓고 일어선다
저린 오금을 펴고 천천히 일어선다

내일도 배낭을 멘다

남자가 전동차에 오른 곳은 새벽마다 인력시장이 선다는 근처 역이었다. 무릎에 올려놓은 배낭의 무게가 옆자리의 내 허벅지에도 묵직하게 전해졌다. 연장들의 뭉툭한 머리나 하얀 날이 가지런히 담겨져 있을 거라 생각했다.

어느새 근육질의 체중이 비스듬히 내 어깨에 실리고, 남자는 코를 골기 시작했다. 마지막 단추까지 풀어헤친 셔츠 속의 목덜미가 벌겋게 달아올라 있었다. 남자는 발효 중이었다. 속에 묻어둔 술독에서 거품 올라오는 소리가 숨결에서도 새어나오고 있었다. 부글거리는 속을 달래려는 듯 남자의 옹이진 손이 깍지를 낀 채 배 위에 얹혀 있었다.

코 옆에 검은 점이 보였다. 얼굴이 커지면서 덩달아 커졌을 저 점은 흉점처럼 보였다. 고무풍선에 숨을 불어넣을 때 부풀어 오르는 거죽을 따라 점점 커지던 점. 한 숨만 더 불어넣으면 누구 것보다도 커 보일 것 같은 고무풍선은 주둥이를 놓칠 때마다 삽시간에 부푼 기대를 도로 토해내곤 했었다. 남자는 고개를 돌려 머리를 차창에 도로 기대었다.

정차역을 안내하는 방송이 다시 울려 퍼지고, 남자는 천천히 일어나 배낭을 둘러매었다. 연장 하나가 무슨 할 말이 있어 밖으로 머리를 들이밀고 있는지, 배낭 한 쪽이 불룩 솟아 있었다.

목련

우체국 마당의 목련이 지려고 한다
드문드문 갈색으로 시드는 꽃잎 아래를 지나
사람들이 택배로 부칠 물건들을 들고 바삐 안으로 들어간다
누군가 먼 곳에 살아 있다면 저런 걸음걸이를 할 수 있다
머잖아 목련은 한동안 식물도감에나 모습이 남아 있을 테니까

움츠렸던 것이 활짝 펴지는 꿈을 꾸던 날
쥐가 오른 종아리를 오래 문질러야 했다
헛것을 보지 말아야지, 그런 날에는
다짐마저도 눈이 부시도록 목련이 피어 있었다

월요일 아침에 밖에 나서는 건 좀 어색한 일이지
주말을 혼자 집에서 보낸 뒤라면
친절을 다하는 우체국 창구 직원에게 쭈뼛거리며 인사를 받기도 한다
몇 권의 책을 골라 보낸다
누군가에겐 눈부신 고통이었겠지만 너에겐 위로가 되길 빌면서

시멘트가 굳기 전에 길 위에 찍힌 발자국
공사장 인부의 욕설을 들으며
주인이 벗어놓고 간 흔적들의 표정을 서둘러 이해해야 하지 않을까
또렷한 것들은 곧 뭉개지거나 혹은 새로운 시멘트에 덮여지는 것

너는 살아 있다며 간헐적으로 문자를 보내고
나는 우체국 문 밖에 서서 책을 보냈다는 답장을 보낸다
목련은 이 동네와 오래 어울리기 싫어해서 곧 지고 말겠지
나는 우편물을 실은 오토바이가 약국 모퉁이를 돌아
골목 안으로 사라지는 것을 지켜본다

1. 실핏줄

2. 간절하지 않다고

3. 선물

이 향 숙

· 전남 본량 출생

· 아모레퍼시픽방판 2001~현재 · 메이크업 전문 강사

· 건강관리사 · 메이크업유어라이프단원

· 서정문학 시부문 신인상 · 서정문학작가협회 회원

· 서정문학 시낭송분과 위원장

실핏줄

친구야
아들 결혼 축하해
못 가서 미안해

그래 고맙다

기분이 아파 고개를 들었다

소나기처럼 쏟아지는
햇살 사이로 나뭇잎이 흔들린다

어디선가 서걱이는 바람 한 움큼이 옷자락을 여미게 하고

나의 눈엔 단풍 같은
실핏줄이 선명하다

겨울이 오기 전 따스한
갈 햇살에 빈 주머니 씻어 말리고

낙엽만큼 두둑해진
마음의 거리를
우리 두 손 꼭 잡고 걸어보자

간절하지 않다고

사실은 지쳐버린 외침이다
강물이 시간을 둥둥 띄운 것인지
바람이 초침을 끌고 가는지
하루는 그럭저럭 가고 있다

겹겹이 쌓인 무지개 떡처럼
예쁘게 포개진 정막을
한 입 베어 물어 삼키고 마는 기다림이 있다

아마도
넌 필요할 때 찾아오는
방앗간 손님인지도 모르겠다

그리움의 또 다른 언어
전파를 타고 달려온 너의 목소리에 간절하지 않다고 덧붙여 보낸다

그런 이후
펄펄 끓는 거짓말에
화상을 입은 마음은
거품처럼 물집이 생겨났다

선물

엄마

오냐 내 새끼 미역국은 먹었냐
맛난 거 먹어라 잉
애미는 늙어서 마음 뿐잉께

걱정 마세요
엄마
낳아서 키워주신 것만으로도
너무나 감사해요

내 새끼
너 없이 내가 우찌 살겄냐,
널 낳아 이리 호강하는디

새삼 눈물이 난다
평생 자식들 안부에
애간장을 태우고도
아직도 내 걱정이 먼저다

당신 몸은 다 닳아
관절마다 쑤셔도

자식이 걸린 감기가
더 아픈 울 엄마

내 나이 쉰여섯
이제야 그 속을 조금씩 알아가는데
나도 그런 엄마가 되어가고 있다

무뚝뚝한 대답에 서운하고
혼자 남아 아플 때 눈물 나는
딱 울 엄마도 그랬을 지난 세월

나도 울 때가 있다
엄마처럼 울 때가 있다

미역국 끓여 주는 이도 없고
알아줄 그 누가 없다 해도
감사가 넘쳐나는 오늘
엄마라는 그 이름 하나만으로도
세상을 가득 채운 선물이다

1. 마흔하나에게

2. 마흔여섯에게

3. 스물(20)스물(20) 되는 해

임 애 경

· 전라남도 해남 출생

· 2001년 인덕대학 졸업

· 2009년 창의 아이디어 장려상 수상 (서울시장 오세훈)

· 서정문학 시부문 신인상 수상

· 한국서정작가협회 회원

마흔 하나에게

인생의 구름 마차가
황금 사냥을 떠난 후
쨍하고 해 뜬 날은 마흔하나

찬바람이 헌 바람의
고배를 마시고 도망간 이후
인생의 쓴맛은 마흔하나

계절의 변화에
가을은 단풍이 들고
겨울의 새옹지마가
겨울옷을 입으면
인생은 마흔하나

마흔 여섯에게

나의 사랑이 물들어가면
나무는 때때옷을 입고
하늘 저 바라기의 깃털을 벗는다.

산새 음(−)이 산내 양(+)을 만나
숲속의 왕이 되었을 때
숲속 동물들의 연주 속에
기억의 파도는 흘러간다.

하얀 거품이 파란 거품의
입가심을 알 때
빨간 거품의 입맛에 알맞은
커피향이 마흔여섯의
얼굴을 알아본다.

스물(20)스물(20) 되는 해

엄마의 뽀얀 살 내음이
내 가슴을 적시어 살아갈 때
어린 소녀의 눈물이
땀방울에 얽히어
사라진 사랑의 미로

세월의 깊이가 저물어 갈 때
인생의 회고록에 쓰일
한 단어의 맞춤된 언어는
마음의 양식

사랑의 온도가
사랑의 저장을 알았을 때
인생이란
의미의 삶을 돌아오며
산다는 걸 앎이라 한다.

1. 열묵어

2. 안면도에서

3. 불륜

전 기 웅

· 대구 출생 · 시사랑밴드 회원

· 서정문학 시부문 신인상

· 한국서정작가협회 회원

· 시집 :『촛대바위』

열묵어

화강암 부둥켜안은 강물은 얕았다

높이의 편견을 허물고 구릉지에 내려온
하늘 티없이 맑다
떠받드는 두 손

어떤 기대로도 되돌아올 수 없는 시공을
폐쇄된 아양 철교가 가로지른다

기차의 경적소리가 들리고 투명한 시선 속으로
쏜살같이 몸을 숨기는 열묵어의 눈은 동그랗다

천년의 맥박을 삼킨 속 깊은 강물은
그때나 지금이나 변함없이 굽이쳐 흐르고

가라앉아 떠밀리는 단풍잎은
한없이 유순해지고 겸손해진다

열묵어에게 강이 가르치는 것은 흐름의 절제다.
침묵이다

천천히 가는 법을 배우라 한다.

안면도에서

바위가 섬이 되고 섬이 바위가 되는
섬과 섬 사이를 이어주는 물비늘이 노을이다

절개지에서 몸을 일으켜 세운 나무의 눈빛이
벌겋게 물들어 수직으로 피우는 꽃.
수평으로 물들어가는 바다를 바라보다
심해의 기억을 휘감고 달려온 파도가
신의 유두처럼 붉다는 걸 알았다

바람의 끈 자락을 놓친 채 잃는 넋
한순간도 지체할 수 없어 거친 숨 몰아쉰 우리네 가슴도
가만히 들춰 저렇게 꿰어낼 수 있다면
밀물과 썰물이 공존하는 노을 앞에서
조간대에 걸릴 부력에
지친 나의 바다를 올려 두겠다

바다와 하늘의 접경을 가볍게 뛰어오른 섬
그 섬의 꼭대기에 서서
나 천천히 굳어 가겠다.

불륜

거침없이 길을 달려와
백사장에 이르러서 허우적거리는
한 편의 절명시 같은 파도를 본다

사랑이라는 핑계로 넘지 말아야 할
선을 넘고 혹독한 대가를 치르고 있는 것인가
저 파도.

꿈에 별밤을 보듯
누군가에게 설레어 본 적이 있는
어쩌면
구체적인 사랑 앞에 미쳐 날뛰는 파도를
몸 넓히고 치마폭 벌려 감싸는 모래톱

가여워서가 아니라 그의 본성일지도 모를
어지럽게 흩어졌다 모이는 새떼의 허공
발자국으로도 지울 수 없는 구름도
발을 덮는 모래의 무게로 가둥을 수 없기에

더욱 그리운
너와 나 경계의 그늘.

1. 어둠을 흔드는 저녁

2. 몸살

3. 오후를 걸었다

제 성 행

· 서정문학 운영위원

· 서정문학 작가협회 회원

· 민주문인협회 이사

· 민주문학 신인문학상

· 공저: 『한국대표서정시선 8, 9』

어둠을 흔드는 저녁

얼굴에 비친 거울은 하루를 기만하고
노을 지는 태양의 꼬리는
먼 산이 내려와 덮어버린다

선술집 구멍탄에 피는 마리화나 연기
불속을 헤엄치는 꼼장어 환각에 빠져들고
누렇게 변심한 벽은 흑백영화를 상영한다

비스듬히 창문에 걸터앉은 술잔
외눈박이 가로등 어둠을 흔드는 저녁

비틀거리는 전봇대 발등에 그려진
냄새의 흔적을 찾아 집으로 가는 유기견
지친 어깨로 걸어가는 보도블록들

옷을 벗은 가로수 앙칼진 손톱으로
달의 얼굴을 할퀴고 가슴은 편두통이
버스 정류소에서 구급차를 기다린다

몸살

팔랑거리는 책장을 넘기듯
바람을 타고 떠나는 계절

여름에서 가을의 갈피 속

서성이는 느티나무 아래
시린 사랑의 발자국을 읽는다

여린 햇살 그림자를 태우고
사그락 마른 바람이 져다 부은
구름이 풀어놓는 그리움

마음 반쪽만 허락한 하늘에
젖은 눈망울의 그렁그렁한 고백

사위어가는 여름의 흔적

가을을 마중하는 쑥부쟁이
그 향기에 몸살을 앓는 들길

바람의 지청구에
붉게 물드는 하늘이 멀어진다

오후를 걸었다

바람이 흔드는 길
푸르게 멍든 발자국이 해체되고

가을은 그리움으로
비어 있는 가슴을 채우고 있다

놓쳐버린 시간을 찾아가는 길

하늘거리는 코스모스의 향기
그의 두 볼에 흐르던 안부를 묻는다

마른 바람 서걱이는 길섶
그리움을 뽑아낸 거미줄이 자라고

허공을 걸어가는 젖은 눈동자

손금을 지워버린 약속들

파란 하늘 찬연히 흐르는
구름은 나무 위에 머물지 않았다

가슴으로 토해낸

눈물이 귓가에서 반짝이고

부드러운 슬픔이 차오르는
가을 오후를 걸었다

1. 공의 바다

2. 비스듬한 하루

3. 안경

차 영 미

· 편집디자이너

· 2009년『서정문학』 시부문 신인상

· 2015년『시와세계』 등단

· 서정문학 편집장

· 도서출판 서정문학 대표

· 시집: 『괄호를 묻는 새벽』

공의 바다

햇빛을 먹어야지, 바람이 구부러지는 아침

누군가에게는 피난이었고
누군가에게 광기였을지도 모를
나에게서 듣는 나의 냄새

구겨진 생각들이 달려가고
도로는 파편으로 가득하다
밀물과 썰물 속에서 어제는 붉은 구두를 건져내기도 하고
추적자처럼 찍어내는 녹슨 핏자국과
비린내로 흔들리는 멈춤 버튼 속에
고도를 따라가는 맨발에게
질문을 던져주었다

소멸하던 태풍은 북쪽으로 이동 중이고
우리는 방에 앉아 쏟아지는 바다를
서로에게 던져주었다

비스듬한 하루

괜찮은 것과 괜찮지 않은 사이 어디쯤에서
잘 지내시죠? 그녀가 물었고 나는 웃었다
일기예보는 비, 날씨는 덥고 화창했고
인삼 냄새 가득한 공원은 넓고 편편하게 기울고
그늘에서 꽃무릇이 붉게 일어섰다
그녀의 이름이 뭐였던가, 기억나지 않아서
어딘가 즈음 뒤엉킨 회로를 생각하고
기억을 오려붙인 넓은 하루를 먹었을까,
손발이 하얗게 얼어붙는 급체를 하고
괜찮으냐고 자꾸만 물어왔다
덜어내지 못한 것들은 앙금으로 내려앉는 것일까,
여치들이 빛 속으로 들어와 출구 없는 모서리에서
밟히고 짓이겨지는 밤, 붉고 외로워 날개가 잘리는 새의
퍼덕이는 소리를 들은 것도 같았다
가을이 오는 소리를 피부가 먼저 듣는 나이,
나는 묻지 않았고 그녀에게 작별인사를 하지 않았다

안경

안경 세 개와 눈이 마주친다
서랍장 속에서 집을 잃은 건 언제였을까,
맨몸으로 오래 엎드린 지문이 가득하다

TV 장식장 앞에 딸이 벗어놓은
뿔테 안경은 물티슈 위에 앉아 있다
밤이면 찾다가 아침이면 천덕꾸러기가 되는 안경에
조바심이 한 칸씩 번지고 있다

종이테이프 감아놓은
테가 부러진, 아들 방 어딘가에 숨은 안경은
퇴근하고 들어온 아들과 숨바꼭질을 시작할 것이다

혼자 남아 본 적 없는
남편의 안경은 말갛게 단장한 콧등에 안착 중,
비스듬히 앉지 말라고 가끔 잔소리한다

노트북 옆에는 접어지지 않는 루테인 안경,
다초점 안경이 나란히 서서 간택을 기다린다
어디에도 익숙해지지 않는 내 눈은
어긋난 문장을 두드리기에 바쁘다

안경점에서는 수시로 문자가 들어오고
닦여지지 않는 초점이 숨어서 낡아간다
필수품이었다가 패션이 되었다가
잊혀가는 맑음 하나,
나는 버려진 투명을 닦아내기로 한다

1. GPS

2. 벨

3. 냉장고

최 규 리

· 2016년『시와세계』등단

· 시집:『질문은 나를 위반한다』

GPS

휴지조각, 물고기, 또는
버려진 혀
가면을 쓰고 액정위에서
전송되는 3시

나는 다이어리에서 도망자가 되고
그녀는 추적자에서 침입자가 되고

종이컵, 갇힌 10시
그녀는 꽃병에서 연기가 되고
나는 USB가 되고
볼륨을 켠 휴대폰은 가라앉고
나는 마우스를 태우고

그녀는 그림자에서 길이 되고

혀, 물고기, 또는 버려진 휴지조각,
복면을 쓰고
구름에서 GPS가 되고
나는 창틀이 되고

벨

초인종은 신경질적으로 다급했어요. 블라우스를 입고 목걸이를 할 때 벨은 반짝이는 큐빅을 부수고 새빨간 립스틱을 바르며 으르렁거려요, 창문이 깨지고 커튼이 펄럭여도 아무도 문을 열어주지 않아요. 이 방엔 아무도 없거나

꽃병을 기다리고 있어요. 외출을 멈추고 벽 속에 나를 밀어 넣어요. 전화벨이 울려요. 방안에 물이 차오르고 벨은 언제나 평화로울 줄 몰라요. TV를 보거나 소파에 누워 차를 마실 때

벨은 몸을 휘감고 시계를 토해요. 벨이 입을 벌리고 날름거려요. 벽에 걸린 캔버스에서 뮤즈가 벽을 타고 흘러내려요. 눈이 지워진 그녀는 문을 열어주지 않아요. 이 방엔 내가 없거나 훔친 벨소리만 가글거려요.

냉장고

너의 손을 잡고 당겨본다 서늘한 독기를 품고 우린 끌어안은 채 벼랑 아래로 떨어진다

술병들이 중얼거린다 오렌지는 그녀의 낡은 스웨터를 안고 울고 있다
냉장고는 넘어진다 유통기한이 그녀를 데려오고 그녀는 뛰어다니고
그녀는 통조림속에 갇힌다

떨어지는 남자의 안경은 불투명하다
행복했던 때를 떠올린다

과즙 100% 주스를 마시며
그녀의 손톱은 달콤했을까
들판은 기울고

아이는 윙윙 치즈 조각으로 가슴에 구멍을 뚫고

새가 냉장고를 쪼고 있다

1. 둘레길

2. 따뜻함에 대하여

3. 하여 소야, 잘 살거라

최 주 식

· 시인, 문학평론가 · 한국문인협회 회원
· 한국현대시인협회 회원 · 국제펜클럽 한국본부 회원
· 창작산맥 편집위원 · 김우종문학상 자문위원
· 서정문학 시부문 심사위원
· 서울문화공연협동조합 이사장 · 서정문학 운영위원장

둘레길

나는 글감을 고르거나
소란함에서 벗어나 기분 전환이 필요할 때면
걷기 수월한 둘레길을 걷는다
사색에 잠기기 좋은 망우산 둘레길을 걷고
탁트인 중랑천 둘레길을 걷고
가까운 뒷산 배봉산 둘레길을 걷는다
둘레길은 누구에게나 편한 길이기도 하지만
나에게 꼭 필요한 길이기도 하다

한 사람이 둘레길을 추천해 달라기에
마을과 길과 강이 이어져 하루가 짧게 느껴지는
양수리 두물머리 길을 알려줬다
물빛 향기 가득한 강물을 시야에 두고
마주보며 말없이 걷기 좋아
연인들이 많이 찾는 사랑의 길이다

나는 나만을 생각하고
나만의 풍경을 만들어낼 수 있는 둘레길이 좋다
마중나온 강바람 산바람의 손을 잡고서
발밑에 하하 호호 살림을 차린

풀꽃을 바라보며 걷는 둘레길이 좋다
내가 좋다고 다른 사람도 좋을 수 없지만
둘레길이 왜 좋은 지 꼭 걸어보라고 권하기도 한다

지난 일요일에는 다른 유혹을 뿌리치고
한강이 보이는 서울숲 둘레길에서
어쩌면 버려야 할지도 모를 사진을 여러 장 찍으며
풍요로운 추억 한 토막 만들었다

따뜻함에 대하여

산골 마을에 사는 사람에게 연락이 왔다

올 겨울도 따뜻하게 사세요

지하철을 갈아타면서도
밥을 먹으면서도 책을 읽다가도
턱을 괴고 앉아서도
온통 따뜻함 그 생각뿐이었다

따뜻하게 사는 게 얼마나 큰 그리움인데
따뜻하게 사는 게 얼마나 염치 없는 일인데
따뜻하게 사는 게 얼마나 서러운 일인데
따뜻하게 사는 게 얼마나 고마운 일인데
한참을 뒤척거리다 답답한 마음에 밖으로 나왔다

눈이 내리고 있었다
오래 정들었던 고향 친구 같은 눈이
달려가고 싶은 어느 날의 약속 같은 눈이
송이송이 내리고 있었다
한 겹, 두 겹 하얗게 쌓인 눈밭을 걸으며
다시금 따뜻하게 사는 것에 대하여 생각했다

문득, 바람 불고 눈 내리는 정류장에서
장갑도 목도리도 없이
버스를 기다리는 사람들의 입김으로
나를 익히면 따뜻할 것 같았다
길거리에서 눈을 치우는 아저씨의 땀으로
나를 데우면 펄펄 끓는 물이 쏟아질 것 같았다
아니, 사랑이라는 글씨를 쓰며 내리는 첫눈을
그 사람인 양 껴안으면 훈훈할 것 같았다

하여 소야, 잘 살거라

새로운 뉴스가 들어왔다
지방 소도시 도축장에서 똘망똘망한 눈을 가진
순한 소가 사람을 들이받았단다
딴 사람이라면 몰라도 주인이라니 황당하지만
사연을 알고보면 얘기가 달라진다

소도 도축장에 들어서면 죽는 것을 알아차려
눈물을 흘린다는데
얼마나 두렵고 공포스러웠으면
주인을 들이받았을까
인간들의 맛난 식사를 위해
도축장에 끌려가는 모든 동물이
저 소의 마음이었을 것

살려고 발버둥 치며 도망가는 모습을 생각하니
고기를 먹는 인간으로써 한숨이 나오고
동물들에게 정말 미안하다

하여, 소야
이미 엎질러진 일에 마음 쓰지 말고
멀리 멀리 깊은 산속으로 들어가 사람 눈에 띄지 말거라
사랑할 수 있는 것을 사랑하지 말고

사랑할 수 없는 것을 사랑하며
부디 잘 살거라

1. 사랑의 주홍글씨

2. 그대 정말 보고 싶다

3. 사랑만 하며 살고 싶다

최 홍 연

· 대한문인협회회원, 창작문학예술인협회회원

· 선진문학작가협회 회원 , 아람문인협회회원

· 한국시민문학협회KCLA낙동강문학회원

· 시인의파라다이스동인시인회원, 서정문학회원

· 한국서정문인협회회원, 좋은문학창작예술인협회회원

· 국제문학바탕문인협회회원 , 감로문학회원

사랑의 주홍글씨

그리움의 눈물은 사랑이라는데
달밤
별은 떨어져 어디로 가나

답이 없는 문제로
오류 속에 살아가는 인생이지만
낙엽 쓸어 모으며 나목의 진리를 배우고
그리움이라는 건
사랑의 주홍글씨임을 알았습니다

바람이 흔들거든 흔들리며 살아도
그리움은 잠들지 않고 가슴에 파고드는데
마음은 불꽃 같은 사랑이 되고
나의 노래는 그대를 위한 꽃으로 핍니다

그대 정말 보고 싶다

진달래 꽃피는 계절
아름다운 추억 곱씹으며
내가 얼마나 더 그리워해야
향기 담은 풀꽃처럼 작은 사랑 지닐 수 있을까
내 가슴에 곱게 핀 그대 정말 보고 싶다

저녁 어스름 오래된 울음으로
끊임없이 물가로 불러낸 지나간 계절은 아름다워
다시 봄의 강가에 꽃으로 피어
그대 기억 속에 남은 사랑이면 좋겠어요

그리움이 강물처럼 흐르고
별들 노래 부르는 둑길에 꽃바람 불면
사랑을 먹고 사랑으로 살고 싶어
내 가슴에 곱게 핀 그대 정말 보고 싶다

사랑만 하며 살고 싶다

언제쯤일까
바람에 실려 간 세월
꿈속에서도 길을 헤매며
애타는 그리움
들꽃으로라도 피어볼 날

언제쯤일까
세월의 진한 향기
온몸으로 받아들여
빗물되어 흐르는 그리움에
서러운 사랑을 울어 볼 날

언제쯤일까
무수한 별의 속삭임에
꽃 지는 밤에도
흔들리지 않는 순백의 사랑
오롯이 가슴에 품어 볼 날

늘 긍정적인 삶 꿈길 속에 활짝 핀 꽃처럼
이심전심으로 통하는
주는 사랑이 아름다운 법인데

사모곡으로 피운 영혼의 씨앗이 될
결코 시들지 않는 사랑만 하고 싶다

1. 왕거미 제안서

2. 침몰한 버스

3. 지지 않는 노을

한 희 정

· 경남 산청 출생

· 도시공학박사 · 서정문학 기획국장

· 서정문학작가협회 부울경지회장

· 한국문인협회 회원 · 부산시인협회 회원

· 시집: 『몽당붓 향기』 창조문학사(2012)

왕거미 제안서

이슬 내리는 밤
태풍에 쓰러져 모로 누운 파라솔이
째려보고 있다
타이르듯 세워 살대를 접는다
덧난 일상에
제자리를 묵묵히 지키던 분신

여름은 인사도 없이 그렇게 떠났다
인습의 유전은
개선될 기색을 보이지 않는데
밤마다 길고양이 메타세쿼이아 발목을 긁으며
언덕길을 오르고 내린다
그것은 불쑥불쑥 자라나는 제 발톱을
감추기 위함이지만
주인을 할퀴려 미리 준비된 삶의
방정식인지도 모른다

흠칫 불빛에 놀라는 새끼고양이
눈동자를 만난다
안개가 이슬의 무게를 더욱 체감 나게 하고
밤이슬이 맥문동 소엽을 휘게 할 때에도
거미는 밤새

도시계획 제안서를 나뭇가지에 내걸었다
숲의 설계 언어로

망막을 열고 프로세스를 읽어 내린다
망개나무는 일조를
떡갈나무는 통풍을
박새가 창공의 지분을 주문하는 사이
나는 자금계획서를 체크한다
근육을 불끈 세운 저기압의 어제를 생각하며

침몰한 버스

향수를 놓아버린 사스레피나무 흰 허리가
초승달에 다시 휜다
과녁을 향해 시위를 당기는 노을이
갈대 무리에게
빛바랜 몸을 뉘인다
길이 개펄에서 죽는다

침묵과 침묵의 틈새에서 버스가 침몰한다

생각의 염기 배열들이
선암사승선교 돌다리 아치로 쌓인다
중도 이탈한 마라토너가
휠체어를 타고
장애우 아닌 장애우가
풍문의 꼬리를 흔들며 기차놀이를 한다
막차를 놓쳐버린 밤이
아침을 걱정하는 달동네에서는
이슬이 굴렁쇠를 굴리고 간다
그것은 까칠한 통증
아픔이 웃음을 솎아낸다

패인 살갗으로 차오르는
텅 빈 가슴이
낡은 옷을 벗고 아침을 갈아입는다

지지 않는 노을

생태환경의 수도
책 페이지마다 갈대꽃을 피워놓은
개펄도서관
70열 ㄹ 칸에선
애달파 넘기지 못한 페이지들이 있다
마디마다 설익은 설움
갈색 질투는
번개 뒤에 따라오는 천둥이다
중력을 거슬러 오르는 갯바위 파도 같은
처연한 몸부림에
바람은 앞질러 길을 떠난다
노욕의 뒤태는 살아있는 잔영이다
게가 몸을 맡긴
개펄의 숨구멍은 보이지 않는다
어둠이 내리고
달빛 없는 하늘은 검은 장막을 내려
남한산성 성곽을 쌓는다
안과 밖
이몽異夢이 맞닿는 이정표의 시간
갈 길은 먼데
갈대는 백치 춤만 추고 있다

한국대표서정동시선

노상범

1. 빈 그릇

2. 괭이눈

3. 산길

노 상 범

· 서정문학 동시부문 신인문학상

· 2019 가이아문학대상(동시부문)

· 서정문학 운영위원

· 현)원정초등학교 교장

빈 그릇

싱크대 선반의 그릇이
거꾸로 뒤집혀
물 한 방울 없이
모두 비운다.

허공처럼
비우고 나면
이제 누군가를 위해
채우기를 기다린다.

아침이 되어 그릇은
음식을 가득 담고
밤새 빈속이 되었을
그들 앞에 놓인다.

잠시 가득 찼던 그릇은
허기진 배속을 가득 채워주고는
찌꺼기만 묻은 채
또 비운다.

오늘도
싱크대 선반에

거꾸로 뒤집혀
내일을 채워주기 위해
빈 그릇이 된다.

괭이눈*

잔바람만 찾아오는
산기슭 아래

노랑
노랑
작은 괭이눈

잎도
노랗게
물들여 큰 꽃 되니

벌
나비
살랑살랑 찾아오네.

잔바람이 전했는지
아랫마을 고양이도
살금살금 찾아와

괭이눈 마주 보며

* 괭이눈 : 야생화로 꽃이 작아 잎까지 노랗게 변하며,
열매가 고양이 눈과 비슷하여 붙여진 이름

앞발로 건드려보다
고개만 갸웃거리네.

산길

산에
누군가
길을 만들었습니다.

큰 나무가 많았던 곳
잡초가 많았던 곳
돌이 많았던 곳
걷기 힘든 곳을

누구
누군가
길을 만들었습니다.

사람도 갔고
동물도 갔고
많은 발자국이
밟고
또 밟았을 산길

시간이 흐른 뒤에
지금

산길을 가는 나

산길을 만든
그
누구
누구의
한 사람이 되었다.